Kusakabe Atsuyo Senryu collection

川柳作家ベストコレクション

日下部敦世

月蒼くして美しい子を宿す

The Senryu Magazine
200th Anniversary Special Edition
A best of selection
from 200 Senryu writers' works

新葉館出版

川柳って、未だ知らぬ自分に出会える旅のようなもの。

柳《りゅう》言《げん》

川柳作家ベストコレクション

日下部敦世 ■ 目次

川柳作家ベストコレクション

日下部敦世

第一章　転がる太陽

森抜ける二足歩行の勇者たち

ジュラ紀の雨に恐竜が脱皮する

薔薇開くこの一瞬に人を恋う

たてがみを取りライオンを休んでる

プリンふるるん壊されていく秩序

転がる太陽地の果てに見つけ出す

君の声聞いていたくて議論する
極論を言えばあなたを奪いたい
落書きのメトロ挑戦的に来る

ロック完了意中の彼は射程距離

光る才能凡人に揶揄される

満たされぬまま溶けてゆく雪だるま

命燃ゆ今日の若さをコピペする

めざましい飛躍さなぎに戻れない

子守歌代わりにスマホ手渡して

逢いたいわけは大雪が降ったから

見つからぬよう不思議の後についていく

そびえ立つ木になりたいと書いた夢

空青し思わせぶりなメール打つ

太陽がまぶしくて待ち伏せをする

刺したのは百本の薔薇僕じゃない

白い闇脱いで自分を取り戻す

父の調べはいつも祈りに満ちている

つばめ来る明日は僕の誕生日

バージンロード父の娘であった日に

ざわめきの中に生まれた白い蝶

揃わない行進に見る平和感

花びらのように少女が駆けてゆく

芸術とエロスは仲がいいらしい

塀の中切れた尻尾が呼んでいる

権力に媚びぬ真っ赤な旗を出す
ジーンズで歩こう手にはパスポート
嵐来るのか前屈みの人の群れ

処分品買って帰って処分する

納豆のネバネバ足の匂いする

報告がていねいすぎてわからない

保護色のまま象の足音聞いている

森に生き森が教えてくれたこと

罵声など届かぬ繭の中にいる

慢性胃炎　勲章にはしたくない

ついて来る影におびえて闇にいる

ナイフ研ぐ一気に皮を剥ぐために

医者の家系に売れない詩人ひとりいる

進化中翼はきっと濡れている

ビーチサンダル履かないままに秋来たる

断られるとヘコムクジケルアキラメル

雨しとど忘れましたと切り抜ける

尻尾を隠し人間として生きる

胎内に異物育む女なり

ギシギシと何かがずれてゆく闇夜

敗けた日にカサブランカが匂い立つ

センターフライ平凡を生きている

諦めた頃に何かが動き出す

暇だからびっくり箱になりました

ありる時間が僕を苦しめる
さ迷える僕にどうぞと椅子が言う
宇宙へジャンプ気持ちはいつも挑戦者

蝉時雨私を隠す穴を掘る

崩壊へ引き抜く釘を見極める

繰り返す脱皮に鋼鉄の被膜

チャージ完了あなたに逢えたそれだけで

在りし日のおしゃれな父のパナマ帽子

帽子屋の帽子物語を話す

ロボットですがやんわりと愛撫する

羊水は知る五億年の進化論

母という括り私を見失う

排卵の周期お肌が知っている

影を取り込み私ができ上がる

昭和天皇?グーグルで調べよう

存在を点で表し無限大

硝子とは気づかなかった割れるまで

忘れたというたび蘇る記憶

人間を観察している寂しい日
何もかも呑み込み海はのたり揺れ
割り切れぬ数にドキッとしてしまう

紙皿だって割れてみたい日

バイキンマンがいないと暇なアンパンマン

ずる休み程度の悪さしてみたい

出会い系サイトで会った宇宙人

ＩよりもＷｅが好きです仲間です

赤い月秘密ひとつを持て余す

手首切っても孤独の海は出られない

小さな戦士保健室へと登校す

じいちゃんは欠点までも誉めてくる

初蝶を見た日と人を憎んだ日

どの鏡見ても私は写らない

太古から龍を呼び出すおまじない

ひつじ雲の向こうに父のいる気配

シャボン玉の中に私は入れます

奪われてそれでも海を慈しむ

仕事があって重たい朝も起きられる

ジーンズを脱ぎ行方不明になりました

美少女は美魔女になって現れた

触診が病んだ私を言い当てる

夜と朝との境目を見届ける

命誕生満天の星祝う

赤ちゃんは一秒ごとを生きている
命名をされて私が見えてくる
先頭を行く象は明日を見つめてる

私を抱きしめた手で妻も抱く

テロ起こってもみどり児は乳を吸う

幸せが鈍い音立て落ちてきた

希望を探しコンビニをはしごする

雑踏はぼくを自由にしてくれる

義理欠いてやることもない日曜日

炎天を出ていく父の草刈機

里帰りっていうのか娘よく帰る

三十年の弁当作りただ作る

一夫多妻か再婚のメンズ増え

言い訳のつもりだろうかバラ届く

みじん切りにしたい二階の反抗期

釘煮が届く母は元気でいるらしい

渾身の父の犠打にはかなわない

私を解き放ちゆく空の青

写真映りを気にする母は八十二

三次元へと幼子が立ち上がる

蛍来る命ひとつが生まれそう

共謀罪か赤ちゃんが笑わない

平日の住人になり街歩く

将来の不安消すかに肉食らう

第二章　象の背中

月蒼くして美しい子を宿す

母になる日を待つ人がいて待っている

ハクモクレン開く音して小鳥飛ぶ

象小屋の上に住んでる象遣い

人を乗せ兵器を乗せて象の足

格差へ向かう象の背中の揺れぐあい

願わくば象の墓場の波静か

首取れそうな人形を抱いている

冷蔵庫開けると腐りだすリンゴ

君の未来に運命線が交わらぬ

考えるのが辛くてテレビでもつけよう

咲き誇る春寂しさが匂い立つ

親友の誓いのような写真撮る
きっときっとまた会えるよと春嵐
君のページに刻まれている私

おめでとうのことばを投げる　より高く

行ってしまった　ざわめきの向こうへと

アスファルトの匂い　銀色の夏が来る

乳房ゆるむ彼にも少し飽きてきた

コルセット脱ぎ蓮っぱな女になる

煮詰まった卵時間は戻らない

真夏のピアノ人を殺してみたくなる

脳天へ連打和音が攻めてくる

ゲームオーバー静寂が満ちてくる

ネックウォーマー君に一番近い場所

百万人の中でも気づく君の視線

手をつないでも恋人に戻れない

美しいフォルム悲しき戦闘機

欠落のピースが埋まり歩き出す

寂しさは言わないけれど背が丸い

オリオンに届けよ届け冬花火
花火の終わりさよならは言えなくて
二〇一〇心の中に君がいた

噴煙が上がる自白を始めたか

午前二時電波時計が狂い出す

寂しい日地獄の底へ紐垂らす

雪の日のバスは異界へ消えていく

嘘っぱちの恋がこのまま終われない

蟻にもあったアフリカ象を倒す知恵

語らねば零戦に憧れる子に

命の不思議生きて帰った人もいる

お伽噺にはせぬ八月十五日

父も祖父も語らなかった八月忌

ゲームではない戦争のあった日々

顎引くと賢者の顔になってくる

恋かしらバストラインがアップする

解いて欲しくて緩めのちょうちょ結び

ここにいたかと合歓の木を抱きしめる

雨を眺めて一日が暮れてゆく
進まない関係　月は蒼いまま
ソプラノの小言が耳にへばりつく

結婚という保険にでも入ろうか

挑発に乗るまい今は向かい風

全身エステくすぐったくてたまらない

細かい字読むと虫歯が痛み出す

少々の毒混ぜたってわからない

趣味に逃げ仕事に逃げていい天気

玄関の靴が何だか怒ってる

スニーカー並ぶわが家は体育系

子育ても終盤ピアス開けようか

子育てが終わり恋人でも持とう

美しい乳房を太陽に見せる

橋の向こうはいいところかも知れぬ

握手でなく抱きしめてほしかった

本日のコーヒーつかのまの逢瀬

木蓮の紫まとい逢いに行く

逢いに行く咎めるように犬が見る

白昼の闇にまぎれて君と逢う

指先も髭も変わっていなかった

定まらぬ視線あなたの不安感

定年へ空飛ぶ布を織り始め

卵産み終え女の香り満ちてくる

永らえる命と散ってゆく命

みどり児がグズる引きこもっていられない

バスに揺られておばあさんになりました

フェラーリ、絵本、署名活動君の話題（二〇〇九　ミラクル　九句）

おしゃべりな水仙　君はうわの空

腹広蟷螂ゆううつが口元まで

太平洋をたった一匹冬の蝶

重き心に銀杏並木が燃えている

ふにゃらふにゃらクラゲになって冬の月

翳りゆく魂真心がほしい

猫が見ていた崩れゆくプライド

樅ノ木の神話ミラクルを待つ聖夜

はつ夏に切れ長の目の男の子

蒙古斑つけて遥かなＤＮＡ

首もたげこの世の憂さを眺めてる

（二〇一六　命誕生　九句）

ゆうらゆらまだ羊水の中にいる

噴水を飛ばし男を主張する

心からの安堵食欲止まらない

赤子抱きテロのニュースを聞いている

密やかに叫び出したい星月夜

命の連鎖亡き父の顔浮かぶ

水底に隠すもう一つの家族

沼を出てから月光に逢ってない

折れた羽晒して生きる覚悟持つ

（二〇一五　恋匂う　九句）

何の作用か手をつなぎ合う分子

鏡の中の私つられて笑い出す

実をつけぬ桜の花の満足度

葉脈をたどれば原始の海が見え

太腿のあたり蛍を飼っている

白シャツをプレスする時恋匂う

百合香る今日は娘の婚儀なり

祝吟がフェイスブックに届けられ

幼稚園へと送り出したる日がよぎる

（二〇一七　母の鎖　九句）

独立へ母の鎖がついてくる

新郎の母から届く真珠の輪

花嫁をほのかに照らす首飾り

夫の涙いい父を晒すかに

再びの夫婦になろう子が嫁ぎ

夏がゆくふわりと母の任を解く

N極がクルクルクルと迷い出す

降り止まぬ雨がじっとり染みてくる

黒い森放たれた矢が戻らない

（二〇一三　縮れた羽　九句）

忘れたい記憶にまといつく匂い
過ぎ去ったものの匂いで咲く芙蓉
歓喜の中に縮れた羽を持つ天使

その昔虹は寂しい龍だった

墨絵の中に黒猫が迷い込む

きっと飛べるよカナリヤを食べたから

あとがき

第一句集から七年後の第二句集である。

今回もまた、思いがけず出版が決まった。ぼんやりと第二句集を出したいと思い描いていたところへ、お話をいただいた。本来のコンセプトとは違うけれど、タイミングが一致した。

第一句集は、稚拙ながら歓びにあふれた句集で、様々なものをもたらしてくれた。他所の句会に出かけることなどほとんどできない私にとって、世界が一気に広がった。見も知らぬ新人から送り付けられた句集に、川柳人の方々は眼を通し、良いところを探してくださった。励ましのことばをかけてくださった。この句集を通して、たくさんの先輩や柳友とつながることができた。

書物になったことで、拙句を取り上げて紹介してくださった方がいる。田口麦彦氏は、『三省堂新現代川柳必携』（株式会社三省堂、田口麦彦編）の中に次の二句を収録してくださった。〈パソコンを覗くあなたの肩越しに〉〈蟻にもあったアフリカ象を倒す知恵〉。蟻の句は、句集からの引用ではないが。

新家完司氏は、川柳マガジン（新葉館出版）二〇一七年十一月号の『名句を味わう理論と鑑賞』のページに取り上げてくださった。〈アクセルを踏み込む先に君がいる〉〈父親は無力ただただ立ち尽くす〉〈ガス室へ続くがごとく健診着〉。

板垣孝志氏は、『ぐるうぷ葦勉強会控え帳　葦』の季節の川柳欄に載せてくださった。〈男を着替える　Tシャツを脱ぐように〉。この勉強会は、一年に一回、七月だけは誰でも投句できるオープン句会が開かれていて、参加できるのを私はとても楽しみにしている。また、孝志氏のおかげで、毎週の奈良柳壇へ投句が叶い、感謝の念に堪えない。

心から尊敬する川柳人を通して発信された私の句は、この上もなく上質なものに思えてしかたがない。飛び上がらんばかりの歓びである。

さて、第二句集である。

第一句集のあとがきで書いたような、木々や花、生き物たちが語りかけてくるようなことは、なくなってしまった。星や月も囁きかけてくれることは、もうない。愛犬が逝って、公園へ行くこともなくなった。今は、時々のひらめき以外は、ノートを広げて集中するより他はない。ぼんやりとそれらしいものが浮かんでくることを待つだけである。ただただ眠たくなるのが、常である。もう川柳は作れないのかという想いもあって、今のうちに第二句集をとぼんやり考えていた。

第一章は、主に課題吟である。東葛川柳会、川柳マガジンを中心に、誌上大会や咲くやこの花賞（川柳瓦版の会）、奈良柳壇の入選句を数点加えた。

第二章は、前半にとうかつメッセ（東葛川柳会代表江畑哲男選）、後半に川柳マガジン文学賞の入選作を入れた。したがって自由吟である。振り返ってみれば、私はとうかつメッセに育てられてきたんだと今、思い至っている。内容も表現も韻律も、かなり自由に、のびのびと作れることが魅力だった。良いものは良いとして認めてもらえる環境にあったことを、改めて江畑哲男代表に感謝したい。

川柳マガジン文学賞、これも魅力だった。故尾藤三柳氏、故前田咲二氏、新家完司氏、田辺進水氏に秀逸や佳作として取っていただいた作品を入れた。十句で一組であるが、編集上九句一組に収めた。

最後に、第二句集を上梓するにあたって、宿題を出されていたことを付け加えたい。第一句集を読んで、「いろいろな形の句が混在しているね。今はこれでいいけど、次は、これぞ日下部敦世というのを見せなくてはいけない」と、柳友の遊人さんから言われていた。いやぁ、読み返してみても、それらしきものは見当たらない。次に希望をつなぐことにしよう。

二〇一八年如月

日下部　敦世

●著者略歴

日下部敦世（くさかべ・あつよ）

兵庫県生まれ、現在千葉県松戸市在住
二〇〇四年　高校開放講座で川柳と出合う
　　　　　講座終了後「川柳会・緑葉」を立ち上げる
　　　　　東葛川柳会入会
二〇一〇年　第33回全日本川柳鳥取大会大会賞
二〇一四年　第10回川柳とうかつメッセ賞
二〇一七年　下総歌和会秋季短歌大会入賞

東葛川柳会幹事
この本大すきの会会員
短歌「かりんの会」会員

著書　「川柳作家叢書　日下部敦世」（新葉館出版）
　　　「ありのみどたばた奮闘記 2007 ブログ編」（ブログ出版局）
　　　「ありのみどたばた奮闘記 2007 写真編」（ラパンコパン）

現住所
〒二七〇－〇〇二一
千葉県松戸市小金原二－一九－三十八

川柳作家ベストコレクション
日下部敦世
月蒼くして美しい子を宿す
○
2018年 7 月30日　初　版
著　者
日 下 部 敦 世
発行人
松　岡　恭　子
発行所
新 葉 館 出 版
大阪市東成区玉津1丁目9-16 4F　〒537-0023
TEL06-4259-3777㈹　FAX06-4259-3888
https://shinyokan.jp/
○
定価はカバーに表示してあります。

ISBN978-4-86044-945-2